HET NIEUWE TABOE OP DE OORLOG

Er is geen taboe op
de oorlog, omdat de
aanhangers van de
PVV ook zeggen:
"nooit meer!"
Het verschill is dat
voor hun de islam
het [illegible] is

THOMAS VON DER DUNK

Het nieuwe taboe op de Oorlog

*De verboden Arondéuslezing
van 26 april 2011*

Eerste druk april 2011

© Thomas von der Dunk / Uitgeverij Van Gennep
Nieuwezijds Voorburgwal 330, 1012 RW Amsterdam
Drukwerk Bariet, Ruinen
ISBN 978 94 6164 050 5
NUR 740

Geachte aanwezigen,

De titel van deze Arondéuslezing, 'Het nieuwe taboe op de Oorlog', heeft u mogelijk verbaasd. Hoezo taboe? Zo vraagt u zich misschien af. Het gaat toch niet om een vorm van verdrongen verleden, zoals Vichy in Frankrijk, of de slavernij bij ons? Er wordt toch sinds jaar en dag uitvoerig aandacht aan de Tweede Wereldoorlog besteed, op tentoonstellingen, in boeken, in het onderwijs? Vormt de Holocaust niet ongeveer hét morele ijkpunt dat bij nieuwe dreigende massamoord het instinctmatige handelen van westerse politici, de Nederlandse inclusief, bepaalt? Van Joegoslavië tot Libië nu?

En ook als het gaat om de Nederlandse bijdrage indertijd, van economische collaboratie tot actief ss-lidmaatschap en meevechten aan het Oostfront, dan is de Wilhelminamythe dat 'heel Nederland' collectief in het verzet zat, toch allang van tafel? Dat in geen enkel westers land zoveel joden zijn weggevoerd, en dat veel Nederlandse instanties – van de politie tot de spoorwegen – daaraan zonder al te veel obstructiepogingen lijdzaam hebben meegewerkt, dat wordt toch niet meer verzwegen? Dus: wat nieuw taboe op de Oorlog? Wordt de Bevrijding niet elk jaar herdacht met als nadrukkelijke boodschap: dat nooit weer? Past niet ook de (nog jonge) traditie van deze lezing in dit kader?

Inderdaad, de Bevrijding wordt elk jaar herdacht, met als boodschap: 'dat nooit weer'. Maar die herdenking begint iets plichtmatigs en iets hols te krijgen, als men zich niet altijd meer tot in detail durft af te vragen: wát dan precies 'nooit weer'. Er valt een toenemende angstvalligheid te bespeuren om ontsporingen van toen, en de aard en oorzaken daarvan, voor het heden relevant te verklaren. Dat is de aard van het nieuwe taboe op de Oorlog. Jarenlang werd, te pas en te onpas, zodra zich een maatschappelijk verschijnsel voordeed dat – laat ik het zo maar even onderkoeld formuleren – politiek abject werd bevonden, dat als 'niet politiek-correct' werd beschouwd – om de huidige politiek-correcte term voor onwenselijke verschijnselen te bezigen – bijna volautomatisch naar de Oorlog verwezen: had de desbetreffende persoon, die de gewraakte abjecte uitlatingen of voorstellen had gedaan, zich wel gerealiseerd in wiens voetsporen hij daarmee getreden was? Zeer makkelijk werden toen allerhande sentimenten, die bol stonden van ongenoegen dat het politieke daglicht niet kon velen, in een automatische reflex als 'racistisch' of 'fascistisch' betiteld.

Maar nu er, sinds 1945, meer dan ooit reden is om waakzaam te zijn, wordt eenieder die vandaag, verwijzend naar het verleden, waarschuwt voor bepaalde tendensen – en vooral voor het voor 'normaal' verklaren van bepaalde opvattingen – meteen van demonisering beticht: hij zou met zijn kritiek miljoenen kiezers schofferen. En juist tussen die beschuldiging van 'demonisering', de omvang van de groep die dan 'gedemoniseerd' zou worden en de relevantie van die waakzaamheid bestaat een verband; ik kom daar later op terug.

Waar het om gaat: naarmate er, zoals nu, meer reden is om te waarschuwen, durft men dat vanwege de omvang van het te bekritiseren verschijnsel minder te doen. Naarmate iets feitelijk gangbaarder wordt, is het namelijk zeker in een ruzie mijdend en naar consensus strevend land als Nederland moeilijker om vol te houden dat iets niet gangbaar zou behóren te zijn. Wij zijn uit dien hoofde gauw geneigd om iets voor 'normaal' in de normatieve betekenis van het woord te beschouwen, zodra het normaal in de zuiver constaterende betekenis van het woord geworden is.

Ook dat vergt enige toelichting – of voor de goede verstaander misschien ook niet. Die actualiteit verklaart in elk geval waarom mijns inziens het thema van deze Arondéuslezing geen ander kon en mocht zijn dan het door mij gekozene, omdat er sinds de vorige, in onschuldiger tijden gehouden Arondéuslezing van afgelopen jaar wel in de politiek iets cruciaals is gebeurd, en daarbij – als het gaat om het niet ter discussie mogen staan van de vanzelfsprekendheid van wezenlijke rechtsstatelijke normen en waarden – een lijn overschreden is. Het zou bij de vaststelling van het thema van de lezing voor vandaag idioot zijn geweest als ik dat alarmerende gegeven volkomen had genegeerd in plaats van het tot onderwerp te kiezen, als ik gedaan zou hebben alsof er níét iets cruciaals zou zijn gebeurd.

Dat maakte het onderwerp van deze lezing moreel in feite onvermijdelijk; elke andere keuze, waarbij met een grote boog om de actualiteit zou worden heengelopen, zou, ten overstaan van die rechtstatelijke normen en waarden, op laffe vaandelvlucht zijn neergekomen. Wat ik ga zeggen is, omdat <u>het niet-normale intussen normaal dreigt te gaan worden</u>, ongetwijfeld omstreden – maar daarom des te meer noodzakelijk.

Alvorens echter toe te kunnen lichten, waarom de morele lessen van 'De Oorlog' nu in elk geval relevanter zijn dan ze de afgelopen zestig jaar ooit zijn geweest, moet ik eerst iets over de Bezetting zelf zeggen. Daaraan voorafgaande nog even tussendoor, mocht bij de chronologische fijnproevers onder U dienaangaande nu al een vraagteken zijn gerezen, een korte toelichting waarom ik zojuist sprak van 'relevanter dan ooit in de afgelopen zestig jaar' en niet van de afgelopen zesenzestig – de Oorlog is immers al bijna een jaar met pensioen.

Wel: dat hangt uiteraard samen met de, tot op de dag van vandaag, met de eufemistische term 'Politionele Acties' gebagatelliseerde poging van Nederland om, kort nadat het zelf van de Duitsers was bevrijd, het

Indonesische streven om zich definitief van de Nederlandse overheersing te bevrijden, met grof geweld neer te slaan. Slechts weinigen – toen door de nog zeer koloniaal denkende meerderheid van de Nederlandse bevolking en pers gedemoniseerd – zagen in dat een volk dat zelf net bevrijd was, toch weinig recht had om een ander volk zíjn zelfbevrijding te ontzeggen: dat een volk dat net zelf bevrijd was er door het voeren van een neokoloniale heroveringsoorlog blijk van gaf in een bepaald opzicht toch niet bijster veel van de eigen zeer recente onderdrukking te hebben geleerd.

Dat een 'slachtoffervolk' gaandeweg in een 'dadervolk' kan veranderen – op een ander vlak zien we dat met de Israëli's en de Palestijnen – komt vaker voor, maar gebeurde hier toch wel bijzonder snel. Nog de Poncke Princenaffaire maakte in de jaren negentig – dus een halve eeuw na dato – duidelijk dat nog niet iedereen in Nederland zich een historisch evenwichtige kijk op de zaak had eigen gemaakt. Pas Ben Bot kon in een nieuw millennium namens de regering erkennen dat Nederland indertijd gewoon aan de foute kant van de geschiedenis was beland. Dit even als korte toelichting bij die keuze voor zestig in plaats van zesenzestig jaar.

Maar nu dus de Bezetting zelf, en waarom die nu als morele maatstaf relevanter is dan zij ooit in die afgelopen zestig jaar is geweest. De vijf jaren tussen 1940 en 1945 vormen – afgezien van de inlijving bij Napoleons keizerrijk tussen 1810 en 1813 – sinds de Opstand tegen Spanje het enige moment dat Nederland zijn zelfbeschikkingsrecht volledig kwijt was. Ik zeg 'volledig', want over de mate van zelfstandigheid van het Koninkrijk Holland in de vier aan Napoleon voorafgaande jaren, toen diens broer Lodewijk hier de monarchale scepter zwaaide, valt te twisten; en hetzelfde geldt, in wat mindere mate, voor de Bataafse Republiek die hier in 1795 na de zogeheten Bataafse Omwenteling met militaire en politieke hulp van het revolutionaire Frankrijk tot stand kwam.

Waar het om gaat: in de bijna tweehonderd jaar die inmiddels sinds het herstel van de onafhankelijkheid in 1813 verstreken zijn, vormt 40-45 de enige periode waarin een aantal basiswaarden van de Nederlandse samenleving en rechtsstaat geschonden werden – ook nog los van de totale ontrechting plus deportatie van en de massamoord op de joden. Die rechtsstatelijke basiswaarden waren overigens sterk het product van de door de idealen van de Verlichting geïnspireerde Bataafse Omwenteling (niet zozeer van de Opstand) die, historisch pikant genoeg, gedeeltelijk juist tijdens de Napoleontische tirannie – die in de praktijk (weer) allerlei vormen van willekeur liet zien – middels wetgeving werden gecodificeerd.

Om de belangrijkste daarvan te noemen: de gelijkheid van alle burgers voor de wet. Bij de Bataafse Revolutionairen zelf vertaalde zich dat zelfs al in algemeen mannenkiesrecht, dat evenwel na enkele jaren, een paar staatsgrepen verder, weer van tafel verdween: zowel Lodewijk Napoleon als Napoleon als hun beider opvolger koning Willem I waren autocraten. *Le ménagerie du roi* – de dierentuin van de koning: dat was de gangbare publieke benaming voor de Eerste Kamer in de jaren voorafgaand aan Thorbecke. Ook Thorbecke heeft weliswaar de monarchale autocratie in 1848 door een parlementair systeem vervangen, maar van een herstel van het algemeen mannenkiesrecht was geen sprake: dat zou nog zeventig jaar op zich laten wachten, waarna enkele jaren later ook het algemeen vrouwenkiesrecht werd geïntroduceerd.

De democratie in Nederland is dus eigenlijk pas van 1917 – de rechtsstaat is daarentegen veel ouder. Het is, waar we gewend zijn beide termen in één adem te noemen, en daardoor ook wel eens gedachteloos door elkaar te gebruiken, noodzakelijk te benadrukken dat het niet om synoniemen gaat – evenmin als dat voor 'vrede' en 'veiligheid' geldt: ook al zo'n vast begrippenpaar in politieke vertogen. De rechtsstaat draait om het feit dat de wet voor iedereen geldt. De democratie om het feit dat iedereen ook meebeslist welke wetten vervolgens voor iedereen gelden. Het Nederland van koning Willem I en Thorbecke was wel een rechtsstaat: de wet gold voor iedereen gelijk, ieder mocht hetzelfde wel en niet, en de onafhankelijke rechterlijke macht velde op basis van dat gelijke recht haar oordeel. Alleen was het in de tweede helft van de negentiende eeuw nog maar een minderheid die via het censuskiesrecht invloed had op de vraag, wat dan wel precies iedereen mocht of niet mocht.

Ook bij het strafrecht werden straffen niet al bij voorbaat aan de maatschappelijke positie van de dader aangepast. Dat was tijdens het Ancien Régime wezenlijk anders: omdat een edelman geacht werd principieel anders te voelen en te denken dan een boer, werd hij voor een moord ook principieel anders gestraft – indien met de dood, dan met het eervolle zwaard, en niet met de eerloze galg. Nog een laatste overblijfsel daarvan vormt het krijgsrecht: een aparte rechtspraak voor een aparte groep burgers met aparte straffen. Toen in 1946 in Neurenberg een aantal nazi-kopstukken ter dood werd veroordeeld, verzochten de twee militairen onder hen, de generaals Jodl en Keitel, veelzeggend, om de kogel in plaats van de strop. Die gunst werd hen overigens geweigerd.

Met de gelijkheid voor de wet, die onze oude Republiek in de door sommige hedendaagse politici weer als voorbeeldig aangeprezen VOC-tijden niet kende, hangt niet alleen direct de vrijheid van godsdienst samen, maar ook de gelijkheid van godsdienst. Van het een noch het ander was tijdens de zeventiende en achttiende eeuw sprake: er bestond maar één, van staatswege ook materieel sterk bevoordeelde, officieel toegestaan kerkgenootschap, dat dan ook als de Heerschende Kerk bekend stond: de toen als 'Gereformeerd' betitelde latere Nederlandse Hervormde Kerk.

Alle andere godsdienstige denominaties werden hooguit getolereerd, in het katholieke geval slechts tegen betaling van een jaarlijkse donatie – de zogeheten recognitiegelden – in de publieke kas van het stadsbestuur, en soms ook nog een som in de particuliere kas van de dienstdoende burgemeester. Corruptie was in de Gouden Eeuw namelijk schering en inslag – het recht was gewoon te koop. De vervulling van officiële staatsambten – en dat ging van raadpensionaris van Holland omlaag tot stedelijk kolenzakkensjouwer in Harlingen – stonden alleen voor lidmaten van de Heerschende Kerk open: doopsgezinden, katholieken en joden konden elke sollicitatiepoging vergeten.

Dat veranderde in 1795 fundamenteel: ongeacht geloof, herkomst of stand had iedere wettige ingezetene van Nederland dezelfde rechten en plichten (met uitzondering dus van de heel concreet politieke van het kiesrecht). Ook gelijkheid van geloof: dat betekent niet dat elke gelovige alles mag – een groot misverstand – maar dat als de aanhanger van het ene geloof iets mag, de ander dat ook mag, of het nu om religieuze manifestatie middels kledingattributen in de openbare ruimte, of om religieuze regels voor de voedselbereiding gaat.

Dat wetten geduldig zijn, en de feitelijke gelijkstelling van met name de katholieken nog lang op zich liet wachten en hun maatschappelijke emancipatie vele decennia vergde, is natuurlijk een tweede. Waar het om gaat: iedereen werd in Nederland in beginsel door de staat in gelijke gevallen gelijk behandeld. Daartoe was de rechterlijke macht, conform Montesquieu's beginsel van de trias politica, ook onafhankelijk van de politieke – bij ons geen telefoonrechtspraak, waarbij politieke machthebbers in een juridisch proces interveniëren, zoals in Rusland of China.

De enige periode waarin, sinds de Franse Tijd, dit alles niet voor Nederland gegolden heeft, en dit fundamentele uitgangspunt van de rechtsstaat ruw terzijde werd geschoven, was die van de Duitse Bezetting. Van gelijke behandeling ongeacht ras of geloof was geen sprake meer, van eerlijke, onafhankelijke rechtspraak evenmin – ook de naamgever van deze lezing werd daar, als bekend, in 1943, na zijn heldhaftige aanslag op het Amsterdamse Bevolkingsregister, het slachtoffer van. Een kleine persoonlijke noot: hij werd op één dag na precies achttien jaar voor mijn geboorte geëxecuteerd, en was toen bijna zo oud als ik nu.

~

En dat brengt ons op de actualiteit. Voor het eerst sinds 1945 hebben we in Den Haag namelijk te maken met een politieke stroming van grote omvang (die bovendien – ongeacht de formele gedoogconstructie – feitelijk, zij het ook zonder eigen ministers, meeregeert) die uitgangspunten huldigt en standpunten verkondigt die haaks staan op de beginselen van de rechtsstaat. Nee: tot genocide of oorlog roept zij niet op – tot het tweede is Nederland niet eens meer in staat, en voor het eerste zou Europa wel meteen een stokje steken – maar zij bepleit wel fundamenteel verwerpelijke dingen. Het soort dingen, dat sinds 1945 terecht taboe was en voor alle fatsoenlijke partijen een reden vormde om een zeer heldere grens te trekken en de eventuele bepleiters daarvan op grote afstand te houden.

Ideologisch zijn er, naast tijdgebonden verschillen – anti-islamisme in plaats van antisemitisme bijvoorbeeld, waarbij het Eurabische kalifaat in de plaats van de joodse wereldsamenzwering gekomen is, en de Protocollen van Zion voor taqqyatheorieën hebben plaats gemaakt – in elk geval de nodige overeenkomsten tussen het rechtse populisme van de jaren dertig en van vandaag: de retrospectieve valse idylle van een zuiver 'Nederland voor de Nederlanders' (of Limburg voor de Limburgers), het evidente vijandbeeld, de met haat zaaien jegens minderheden gepaard gaande xenofobie, de gekunstelde zwart-wit-tegenstelling tussen 'het volk' en 'de elite', een Rousseauiaans idee van een door die elite genegeerde *volonté generale*, het gebrek aan openbare interne discussie, de hang naar een sterke leider die in direct contact zou staan met het volk en die ook als enige naar buiten het woord voeren mag.

Zeker: het democratische parlementaire stelsel staat nu niet ter discussie – maar wel in feite de daaraan ten grondslag liggende ideologie. Een democratische vorm impliceert niet altijd ook automatisch een democratische gedachte. En zeker: de knokploegen blijven tot een paar parlementariërs met losse handjes beperkt, wier percentage overigens dat van Marokkaanse jongeren met een justitieel verleden inmiddels ruimschoots overtreft.

De PVV bepleit openlijk discriminatie van een deel van de ingezetenen in Nederland op basis van de demonisering van een religie: denk aan de voorstellen van haar lijsttrekker in deze provincie bij de jongste Statenverkiezingen inzake hoofddoekjes in de bus. Over priesterboorden en keppeltjes ging het niet. Ook voert deze partij, haar aanvoerder en enige eigenaar voorop, tamelijk stelselmatig een hetze van verdachtmakingen tegen de rechterlijke macht, waarbij Berlusconi als voorbeeld lijkt te dienen. Het voorstel om rechters niet voor het leven te benoemen, maar periodiek te beoordelen op grond van de vraag of ze wel zo streng straffen zoals het de volksonderbuik belieft, vormt daarvan de kroon: onze eigen variant van de telefoonrechtspraak waarmee de stoelpoten onder de trias politica worden weggezaagd. De soms zeer concrete bemoeienis met rechtszaken spreekt boekdelen.

Daarbij komt dan nog het gebrek aan inhoudelijke verantwoording en financiële controle, die eigen zijn aan de dictatoriale structuur van deze zogenaamde 'partij' – van de NSB bijvoorbeeld kon je daarentegen nog gewoon lid worden – en die haaks staan op de beginselen van democratie. Dat geldt eveneens met nadruk voor de schimmige financiering. Ik zwijg dan nog over de *fact free politics* en het aan grove leugens gepaard gaande complotdenken, waaraan zich vooral de partijideoloog van de PVV bezondigt – ook dat hebben wij in deze omvang, en vooral bij een groepering met deze invloed in de politiek, sinds 1945 niet gezien.

De CPN bijvoorbeeld, bij wier politieke onafhankelijkheid eveneens op grond van buitenlandse financiering terecht vraagtekens werden geplaatst, had in elk geval één ding moreel wezenlijk op de PVV voor: zij sloot niet burgers op basis van hun geloof of herkomst doelbewust uit. Toch bevond zij zich, ondanks een aanvankelijk electoraat van een omvang van tien procent, mede vanwege haar interne dictatoriale inslag decennia lang in Den Haag in een isolement: een cordon sanitaire van links tot rechts, waar dit in het geval van de PVV nu door rechts doorbroken is.

En dat is de tweede reden, waarom een vergelijking met het beladen Nederlandse verleden leerzaam is: het snelle verschuiven van normen en waarden onder druk van een agressief populisme, het gemak waarmee door een deel van de maatschappelijke elite uit politiek opportunisme vervolgens basale uitgangspunten worden opgegeven en dingen aanvaardbaar, 'normaal' gevonden worden, die men even eerder nog volstrekt onacceptabel en ondenkbaar had geacht. Een deel van de huidige bewindslieden bijvoorbeeld verkondigt thans standpunten, die zijzelf nog geen twee jaar geleden scherp van de hand zouden hebben gewezen, en waarop zij, als wij straks ook de PVV weer overleefd hebben, zonder twijfel met schaamte zullen terugkijken.

Te denken valt speciaal aan de omgang met vluchtelingen en vreemdelingen, waarbij niet meer een eerlijke beoordeling van afzonderlijke asielaanvragen centraal staat, maar de wens om koste wat kost zoveel mogelijk mensen buiten de poorten te houden. In dat opzicht doet de benepen Nederlandse houding enorm denken aan die van Den Haag in de jaren dertig, toen het om (al dan niet joodse) vluchtelingen uit het Derde Rijk ging: er werden toen regelmatig met even groot gemak politieke vluchtelingen naar Duitsland de grens over gezet als nu naar Irak en Afghanistan. Dat gebeurde niet alleen om vooral het bevriende staatshoofd Hitler niet voor het hoofd te stoten, ook de latente xenofobie in Nederland zelf speelde daarbij een rol, en een obsessieve angst bij bevolking en autoriteiten voor 'het communisme', die niet voor de huidige voor 'de islam' onderdeed.

Sterker: de angst de roep van het *Gesundes Volksempfinden* te missen en anderhalf miljoen kiezers te 'demoniseren' – zoals de standaardreactie van de PVV bij elke kritiek op haar doen en laten luidt – heeft inmiddels bij de regeringscoalitie tot een grootschalig wegkijken geleid als er weer eens discutabele, of zelfs ronduit schunnige uitspraken worden gedaan. Menig minister 'ziet geen probleem' omdat de PVV zich aan de gemaakte beleidsafspraken houdt, of beperkt zich tot een *agreement to disagree* – alsof het om een meningsverschil inzake de villasubsidie of de kilometerheffing zou gaan, en niet om een doordachte en vrij systematische aanval op fundamentele rechtstatelijke waarden. De gewenning gaat kennelijk snel.

Ook al zal de formele rechtsstaat er niet direct aan onderdoorgaan – als gezegd, dan komt Brussel er wel tussen – het komt niet alleen aan op wat op coalitiegedoogpapier staat, maar ook op het maatschappelijk klimaat. En daaraan levert de premier indirect een zeer verwerpelijke bijdrage, als hij, omwille van het politieke gemak nu, in een interview stelt dat de PVV een heel normale partij is, die zich keurig aan de afspraken houdt. Een heel normale partij? Sinds wanneer valt het leidersbeginsel, de ondermijning van de trias politica en de demonisering van een hele religieuze bevolkingsgroep met de morele uitgangspunten van het liberalisme te rijmen? Helaas zijn er bij VVD en CDA maar weinigen, die hier principieel stelling durven nemen – juist vanwege hun isolement dienen hier Weisglas en Winsemius, Klink en Hirsch Ballin met ere te worden genoemd.

Elders domineert de opportunistische gemakzucht – zoals die ook in het inmiddels beladen verleden heeft gedomineerd. Misschien in één opzicht té beladen, wat samenhangt met de langdurige plaatsing van de Oorlog in een soort historische buitencategorie: als een menselijke natuurramp die ons van buitenaf overkomen is. Die heeft er ook voor gezorgd dat de NSB als de absolute belichaming van het Kwaad is gaan gelden – en ook haar toenmalige kiezers nadien werden 'gedemoniseerd'. Maar de gemiddelde NSB-kiezer – en de gemiddelde kiezer in de jaren dertig überhaupt – was moreel echt niet veel slechter dan de gemiddelde kiezer nu. En zeker in de beginjaren was de NSB vooral een uitgesproken Nederlandse kleinburgerpartij, waarvan de partijlanddagen toen vaak nog meer weg hadden van knusse familie-uitjes dan van nazi-militaristisch geparadeer.

Er is dus ook weinig reden om aan te nemen dat het succes van een nieuwe valse profeet in Nederland per definitie uitgesloten zou zijn. Zeker: ook ditmaal geldt vooralsnog de fameuze openingszin uit *Der achtzehnte Brumaire des Louis Bonaparte* van Karl Marx: dat in de geschiedenis alles twee maal gebeurt, de eerste keer als tragedie en de tweede keer als farce. Maar ook een farce werkt politiek tamelijk ontwrichtend – zoals indertijd al gold voor de staatsgreep van Napoleon III. Ook al valt het PVV-wereldbeeld zeker niet een op een met het NSB-wereldbeeld samen: morele verloedering gaat sluipend.

Misschien was de gemiddelde kiezer van toen zelfs, gezien ook de kleinere omvang van het NSB-electoraat, gemeten aan die van het PVV-electoraat, net als de gemiddelde politicus toen, beter tegen bepaalde abjecte gedachten bestand, omdat hij nog over een helderder moreel kompas beschikte. Er bestond in het Interbellum een sterker ideologisch bewustzijn van niet te overschrijden morele grenzen van Goed en Kwaad, dat het uiteindelijk van de ook toen natuurlijk al in Nederland breed aanwezige neiging tot vooral-niet-nodeloos-moeilijk-doen won: de NSB was en bleef in de jaren dertig een politieke *outcast*.

Met de uiteindelijk op totale ontideologisering uitlopende ontzuiling is dat normbewustzijn vervaagd: alles werd onderhandelbaar – de onuitstaanbaar pedante dominee in de Nederlander die iedereen de les leest, verloor het steeds vaker van de onuitstaanbaar pragmatische koopman die zich soepel aan elke nieuwe situatie aanpast zolang dat materieel eventjes voordeliger is. Verheven principes worden vandaag makkelijker voor een extra schotel linzen ingewisseld dan vroeger, waaraan niet alleen een met het neoliberalisme sinds de jaren tachtig toegenomen cynisme en egoïsme, maar ook een groeiend hier-en-nu-denken debet is. Politici willen hun persoonlijke carrièreplanning, die steeds meer centraal is komen te staan, niet meer laten doorkruisen door hinderlijke incidenten als morele obstakels.

∼

Dat alles draagt bij aan het nieuwe taboe op de Oorlog vandaag de dag: in abstracto 'nooit weer!' belijden op 4 en 5 mei is prima en prachtig, maar val ons niet met mogelijke consequenties voor ons alledaags functioneren lastig. Vergelijkingen op dit vlak – vanwege het non-discriminatiebeginsel en de rechtsstaatskwestie legitiem – zijn inmiddels taboe geworden, omdat zij in hun praktische consequenties veel ongemakkelijker zijn geworden dan voorheen: door de omvang van de PVV zou zij de andere partijen verplichten tot permanent fundamenteel ruziemaken, waardoor de dagelijkse politieke standaardagenda ernstig in het ongeregelde raakt.

Dat men nu – terwijl zulke verwijzingen op grond van het boven betoogde in ieder geval relevanter zouden zijn dan ooit – dus zo stekelig reageert op iedereen die een vergelijking tussen het heden en het beladen verleden wil maken, hangt daarmee samen: want wie als politicus de mogelijke relevantie van een vergelijking erkent – een vergelijking is overigens geen gelijkstelling – ondervindt daarvan nu bij zijn doen en laten in Den Haag veel directer hinder dan indertijd bij een machteloze splinter als de Centrumpartij. In het geval van de PVV plaatst de acceptatie van die relevantie de politicus immers, omdat de PVV wel een machtsfactor is, meteen voor lastige dilemma's over wel of niet samenwerken; dilemma's, waarvan men bij het pragmatisch politiek zakendoen juist niet al teveel last wil hebben. En dus heet zo'n machtsfactor omwille van het dagelijkse Haagse gemak 'een hele normale partij'.

Daarbovenop komt een zekere en als zodanig best begrijpelijke vermoeidheid, omdat er in het verleden wel eens erg vaak en makkelijk naar de Oorlog verwezen en met Anne Frank geschermd werd om een thema taboe te verklaren en een ontluikende discussie erover in de kiem te smoren. De reactie is dan al gauw: toch niet weer – ook nu een refereren aan de Oorlog juist veel relevanter is dan ooit in de afgelopen zestig jaar, zoals ik zojuist heb betoogd. Het veelvuldige gebruik van een aantal termen in onschuldiger naoorlogse decennia dan het huidige heeft sowieso tot een bepaalde gewenning, en dus ook tot een bepaalde blindheid geleid, want wie te vroeg en te vaak waarschuwt, wordt, als het urgent wordt, niet meer zo snel geloofd. Alarmbellen gaan niet meer rinkelen omdat ze in het verleden te vaak bij vals alarm zijn afgegaan.

∼

Maar er zijn ook wat dieperliggende oorzaken, die het nieuwe taboe op vergelijkingen met de Oorlog verklaren; oorzaken waardoor zulke vergelijkingen ongemakkelijk worden wanneer ze in de praktijk plots dichtbij komen en geen verre abstracties meer blijven.

De Tweede Oorlog geldt in Nederland als het absolute kwaad – misschien meer dan voor welk ander land in Europa. Dat hangt natuurlijk samen met het feit dat Nederland sinds de neergang van de Republiek na de Gouden Eeuw op het internationale toneel steeds meer een toeschouwersnatie is geworden en in de aan de Duitse inval voorafgaande eeuw bijzonder weinig had meegemaakt. Denk aan de reactie van koningin Wilhelmina op die inval van 10 mei 1940, die als een ongekende schanddaad gehekeld werd. Wel: dan had zij de voorafgaande maanden toch niet echt opgelet. Precies zo'n zelfde 'ongekende' schanddaad had begin april 1940 plaatsgevonden met de Duitse overval op Noorwegen en Denemarken: ook twee neutrale landen die plotseling in de wereldoorlog werden gesleurd.

In die geschonden neutraliteit, die in Nederland niet alleen als een praktische noodzaak, maar ook als een blijk van eigen morele voortreffelijkheid werd gekoesterd, zit ongetwijfeld een belangrijke bron van de kijk op de Oorlog als het absolute kwaad: ons onschuldige land, dat part noch deel had aan Europese machtspolitieke spelletjes, was dit van buitenaf plotseling overkomen. En anders dan in België, dat al bij het eerste grote treffen in 1914 – en overigens niet voor het eerst – in een bloedig slagveld was veranderd, kwam die schok in Nederland des te harder aan. Temeer daar het hierbij, anders dan bij het Duitsland van 1914, ook nog eens om een uitgesproken duivels schurkenbewind ging: op de korte oorlogsstrijd van vijf dagen volgde een Bezetting van vijf jaar, die Nederland met een nietsontziende dictatuur confronteren zou.

Door dit in één keer als nieuwe ervaring samenvallen van beide zaken – oorlogsgeweld én terreurbewind – werd de eerste en enige confrontatie met een moderne oorlog op eigen bodem door de Nederlanders als een veel duisterder onderbreking van de normale gang van zaken ervaren dan in landen waar men recent al eens met een oorlog en dan dus nu ook nog eens met een dictatuur had kennis gemaakt.

Het Nederlandse zelfbeeld was (en is) er een van uitgesproken vredelievendheid – ondanks alles wat Nederland zelf in de aan 1940 voorafgaande decennia in Indië had gedaan. 'Daar werd wat groots verricht', zo luidde het gangbare positieve oordeel in het Interbellum over onze koloniale activiteiten – in dit geval was het letterlijk Colijns oordeel over Van Heutsz' optreden in Atjeh, waarbij hij zelf overigens betrokken was geweest. In die dagen was het de Duitse dichter Theodor Fontane die de Nederlandse gewelddadigheid hekelde, in een gedicht over een door Nederlandse troepen aangericht bloedbad onder Balinese vrouwen, waarin de gangbare koloniale mengeling van inhalige koopmansgeest, ploerterige cultuurbarbarij en hypocriete zendingsdrang aan de kaak gesteld werd. De rake slotzin daarvan wil ik u niet onthouden. Nadat hij beschreven heeft hoe de laatste dorpeling door de beschaving brengende kolonisator is afgemaakt, besluit Fontane, kort maar afdoende: *Mynheer derweilen, in seinem Kontor, malt sich christlich Kulturelles vor.*

In Nederland keek men daar toen wat anders tegenaan, om het vriendelijk te formuleren – en nog steeds hebben wij grote moeite om eigen gewelddaden te erkennen. Ik heb er straks al kort aan gerefereerd: voor de heroveringspoging van 'Ons Indië' is nog steeds de verbloemende term 'Politionele Acties' in zwang. Verzet tegen het 'wettig' Nederlandse gezag – of het nu gaat om de Javanen in 1945 of de Belgen in 1830 – wordt niet gezien als een vraagstuk voor de politiek, maar voor de politie; ook als het vervolgens het leger is dat ingrijpen moet. En als zulk ingrijpen volledig ontspoort, dan heten dat hooguit – zoals in de officiële nota's over het Nederlandse naoorlogse (sic!) optreden in Indië – excessen, maar nooit oorlogsmisdaden. Zodra iemand die term gebruikt of dreigt te gebruiken, komt hem dat steevast op woedende reacties te staan. En net zomin als Nederlandse soldaten oorlogsmisdaden kunnen plegen, kunnen zij oorlog voeren. Nog steeds betitelen we eigen militair optreden bij voorkeur als vredesmissie of humanitaire interventie. Oorlog voeren: dat is iets voor enge imperialistische grootmachten, niet voor het goedwillende Nederland. Wij voeren geen oorlog, wij handhaven slechts de orde. Wel, de orde handhaven: dat deed de hertog van Alva in 1568 ook.

Dit scheve zelfbeeld heeft er niet alleen voor gezorgd dat de Tweede Wereldoorlog als 'De Oorlog' bekend is komen te staan – en niet onze eigen oorlog in Indonesië. Ook kon de eigen Nederlandse bijdrage aan dat Kwaad dat zich vervolgens gedurende vijf jaar op Nederlandse bodem afspeelde, daardoor lang geen plaatsje in het historische nationale zelfbeeld krijgen: een boze buitenstaander had ons onverhoeds bruut van onze vrijheid beroofd – iedereen was in de Oorlog 'goed', afgezien van dat paar procent notoire landverraders, die verenigd waren in de NSB. Geen groter scheldwoord lange tijd dan NSB'er (voordat 'fascist' en 'racist' furore maakten): dat stond voor landverraad.

Dat collaboratie gedurende de vijf bezettingsjaren in alle soorten en gradaties plaatsvond, dat velen op bepaalde momenten wegkeken, dat dat omwille van het naakte overleven voor velen soms gedeeltelijk onvermijdelijk was, ook voor 'goede' Nederlanders: dat is iets wat pas heel gaandeweg in het geschiedsverhaal van 'De Oorlog' kon worden verdisconteerd. En bij het grote publiek is dat zelfs nu nog niet altijd geland. Dat nog steeds sterk doorwerkende zwart-witte Goed-Foutbeeld maakt elke verwijzing naar de Oorlog tot op de dag van vandaag nog veel beladener dan als zodanig al gerechtvaardigd zou zijn: alsof de Tweede Wereldoorlog helemaal los staat van de rest van de geschiedenis, en vooral helemaal los van ónze overige geschiedenis, en wat daarin gebeurd is niets met algemenere karaktertrekken van de mensheid van doen heeft.

Is het toeval dat het morele probleem van de vaak sluipende collaboratie, van de 'burgemeester in oorlogstijd' die zich steeds moet afvragen waar de grenzen liggen, eigenlijk nog nauwelijks een onderwerp is geworden in de Nederlandse literatuur? De Bezetting begon in 1940, dat heeft de recente *remake* van de tv-serie van Lou de Jong wel aardig duidelijk gemaakt, niet meteen als een ononderbroken terreurbewind: het gewone leven ging aanvankelijk, die zomer van 1940, nog gewoon door, ook omdat de nazi's de Nederlanders als stamverwant volk voor hun idealen probeerden te winnen. Pas gaandeweg werden de duimschroeven aangedraaid, ook voor de joden. Voor de niet-gedeporteerden kwam de grootste ellende, met de Hongerwinter, pas in het laatste oorlogsjaar, dat in dat opzicht in terugblik de kijk op de orlog zeer sterk heeft bepaald.

~

De Oorlog als belichaming van het kwaad, ook omdat het de enige oorlog is waarmee wij de afgelopen twee eeuwen op eigen bodem kennis hebben gemaakt, en de 'Nederlander in oorlogstijd' als in overgrote meerderheid 'goed': dat maakt elke vergelijking natuurlijk meteen tot een morele aanval van de zwaarste soort. En daar komt nog iets belangrijks bij: het Nederlandse volk dat tot dat moment niet één Nederlands volk was, als gevolg van de grote religieuze verdeeldheid. Niet toevallig sprak men ook voor de Oorlog van de Nederlandse volks*delen* – in meervoud. Volksdelen die door de verzuiling als vertaling van die religieuze verdeeldheid grotendeels maatschappelijk langs elkaar heen leefden, en eigenlijk weinig gemeenschappelijks meenden te hebben, behalve geografische lotsverbondenheid.

In de Oorlog vielen, in de vereniging tegen het externe Kwaad en zijn ('paar') binnenlandse handlangers, deze scheidslijnen weg; het hoorde tot de naoorlogse teleurstellingen van velen dat de Doorbraak die deze scheidslijnen definitief moest doorbreken, mislukte, en de verzuilde samenleving van weleer (voorlopig) weer terugkeerde. De Oorlog bracht de Nederlanders samen, ook achteraf: zij vormt daarmee de heilige graal van de nationale eenheid. Goed of fout in de Oorlog: dat werd het allesbeheersende morele referentiekader nadien. Fouten na de Oorlog werden makkelijker vergeven als men in de Oorlog goed was geweest. En wie in de Oorlog fout was geweest, zat daar eigenlijk zijn leven lang aan vast, omdat dat niet meer goed te maken viel.

De Oorlog was namelijk de enige grote gebeurtenis waar de overgrote meerderheid van de Nederlanders, katholiek of protestant, liberaal of socialist, op dezelfde manier tegenaan keek – en dus ook tegen de vraag wát inderdaad in die oorlog goed en fout was. De Oorlog is in feite de enige historische gebeurtenis van belang, waarover we het in grote lijnen eens zijn en die de Nederlandse natie samenbindt. Alle andere belangrijke gebeurtenissen uit het Nederlandse verleden zijn, zoals de negentiende-eeuwse historiografie bij herdenking na herdenking leerde, hopeloos omstreden, daar keken de diverse volksdelen vanouds steeds fundamenteel verschillend tegenaan en daarover werd op de scholen dus ook op heel uiteenlopende wijze onderwezen – dat begon eigenlijk al met de kerstening door Willibrord: de opmaat tot Nederland als christelijke natie, of juist de aanvang van het paapse juk?

En dat geldt eigenlijk ook voor alles van belang dat daarna gekomen is. De rol van de Bourgondiërs, en zeker de Habsburgers, bij de Nederlandse staatsvorming, in relatie tot de verhouding tussen de Noordelijke en Zuidelijke Nederlanden: omstreden. Karel v: de man die Utrecht, Gelderland, Overijssel, Drenthe, Friesland en Groningen aan de rest toevoegde, en dus onmisbaar voor de Zeven Provincies van de Republiek: omstreden. Nog in het jaar 2000 bekritiseerde de SGP de aanwezigheid van premier Kok bij de herdenking van zijn vijfhonderdste geboortedag. Dan de aard van de Opstand tegen Spanje (*libertatis causa* of *religionis causa*, vanwege de vrijheid of vanwege de religie?): omstreden. De rol van de katholieken daarbij (herinneren we ons de Geuzen voor Den Briel of de Martelaren van Gorcum?): omstreden. Maurits versus Van Oldebarnevelt (vormt rechtzinnigheid of vrijzinnigheid de oerkern van het Nederlandse nationale karakter?): omstreden. De rol van de Oranjes in de Gouden Eeuw, van de stadhouder versus de staten: omstreden. Johan de Witt en stadhouder-koning Willem III, onze twee staatslieden met de grootste internationale betekenis: omstreden. Het optreden van de Patriotten en de Bataven, hun rol als grondleggers van onze huidige democratie: omstreden. De Grondwet van 1798, de allereerste van Nederland (en een veel helderder dan de huidige, voor een jurist een genot om te lezen, zoals Tjeenk Willink zich eens liet ontvallen): zo omstreden dat die, vanwege de afwezigheid van de Oranjes daarbij, tweehonderd jaar geleden, in 1998 zelfs niet eens officieel herdacht kon worden en men alle aandacht op die van 1848 wierp. De betekenis van Lodewijk Napoleon voor het huidige koningschap, om het over Napoleon zélf dan nog niet eens te hebben: zo omstreden dat de eerste koning van Nederland twee eeuwen lang überhaupt vrijwel doodgezwegen is en men in Oranjekring tot aan Juliana toe op het noemen van zijn naam bijkans hysterisch reageerde – ook straks in 2013 wordt vast weer gedaan alsof de monarchie hier te lande van 1813 dateert, en niet van 1806, ofschoon Willem I zichzelf, in de toen publiek gangbare bewoordingen, 'te ruste legde in het bed van Napoleon'.

Maar de Oorlog: die staat pal vereind als dat wat ons in onze nationale geschiedenis nu eens niet verdeelt, maar bindt – dat neemt geen criticus ons dus af. Slechts de Grondwet van 1848 heeft misschien, inclusief Thorbecke als nationale pilaarheilige, een sacrosancte status bereikt die daarmee enigszins vergelijkbaar is. Alleen gaat het daarbij niet om een bloedstollend dramatische gebeurtenis, maar om een voor de doorsnee burger onleesbaar en voor geen vertaling tot spannende tv-serie vatbaar stuk. En dat verklaart ook, waarom een verwijzing naar de Oorlog inmiddels in Den Haag taboe is geworden, omdat je nog wel met elkaar door dezelfde deur verder moet kunnen gaan – en men dus liever wegkijkt op die momenten dat zo'n vergelijking misschien eens echt relevant zou kunnen zijn om te constateren dat die ene deur-voor-iedereen-tegelijk te nauw geworden is.

Thomas von der Dunk, april 2011